Alfons Weber (Text) / Jacqueline Blass (Bilder): Elisabeth wird gesund oder mit Bauchweh fing es an

Bibliografische Information der Deutschen Nationalbibliothek:
Die Deutsche Nationalbibliothek verzeichnet diese Publikation in der Deutschen Nationalbibliografie; detaillierte bibliografische Daten sind im Internet abrufbar über http://dnb.de

Typografie: Manuel Süess, Zürich, Litho: Photolitho Gossau, Druck: Grafisches Centrum Cuno, Calbe
ISBN 978-3-7152-0667-7, 1. Auflage der überarbeiteten Neuausgabe 2013

Elisabeth wird gesund

oder mit Bauchweh fing es an

Text Alfons Weber / Bilder Jacqueline Blass

atlantis

Elisabeth ist im Kindergarten. Sie geht gerne hin.
Doch heute plagen sie Bauchschmerzen.
»Das geht sicher bald wieder vorbei«, denkt sie.
Aber das Bauchweh wird immer schlimmer, und schließlich ist es so stark, dass ihr ganz übel wird.
Sie kann nicht weiterspielen und setzt sich auf einen Stuhl.
»Was ist denn mit dir los?«, fragt die Kindergärtnerin.
»Ich habe Bauchweh«, antwortet Elisabeth.
»Ich fühle mich ganz elend.«

»Da ist es am besten, wenn du nach Hause gehst«, sagt die Kindergärtnerin.
Sie ruft Elisabeths Mutter an.
Dann hilft sie Elisabeth beim Anziehen.
Der sonst so kurze Weg erscheint Elisabeth heute unendlich lang.
Die Mutter sieht, dass Elisabeth ganz blass ist.
»Ist dir nicht gut?«, fragt sie.
»Ach Mama«, jammert Elisabeth, »ich habe starke Bauchschmerzen. Am liebsten möchte ich gleich ins Bett gehen. Essen mag ich ohnehin nichts.«

Die Mutter setzt sich an Elisabeths Bett.
Bald kommen die Geschwister ins Zimmer.
Bernhard spöttelt: »Du willst wohl einfach nicht in den Kindergarten gehen, weil dir irgendetwas nicht passt. Hast du dich etwa mit den anderen Kindern gestritten?«
Doch die kleine Dagmar nimmt ihre Schwester sofort in Schutz: »Siehst du denn nicht, wie blass Elisabeth ist?«
Die Schmerzen werden immer stärker. Elisabeth muss sich übergeben. Schließlich weiß die Mutter keinen Rat mehr. Sie ruft den Kinderarzt an.
»Ja, da kommen Sie mit Ihrem Kind am besten gleich in die Praxis«, sagt der Arzt.

Elisabeth kennt den Doktor gut.
Sie hat keine Angst vor ihm. Als er ihren Bauch abtastet, tut es unten auf der rechten Seite besonders weh.
Am liebsten würde sie schreien.
Nach der Untersuchung erklärt der Arzt, dass Elisabeth eine Blinddarmentzündung hat.
»Am besten melde ich dich gleich im Spital an«, sagt er zu Elisabeth, »damit du bald operiert werden kannst.«
Elisabeth beginnt zu weinen. Aber die Mutter tröstet sie und versichert ihr, dass es im Spital freundliche Ärzte und Schwestern gibt, die den kranken Kindern helfen.
»Sie heilen dort deinen Bauch, und nach ein paar Tagen darfst du das Spital verlassen und bist wieder ganz gesund«, sagt sie.

Im Spital werden Elisabeth und ihre Mutter schon erwartet. Eine Frau in blauer Bluse begrüßt die beiden. Dann kommt der Doktor.
Elisabeth muss sich den Bauch noch einmal abtasten lassen. Zuerst hat sie ein wenig Angst. Aber der Arzt beginnt mit ihr zu plaudern.
Er will wissen, wie alt Elisabeth ist, wie viele Geschwister sie hat, wie ihre Puppe heißt und wie es im Kindergarten so zugeht.
»Seltsam, dass der Doktor so viel fragt«, denkt Elisabeth. Aber dann merkt sie, dass der Arzt sie während des Plauderns untersucht hat, ohne dass sie etwas davon spürte.
»Wir werden den Blinddarm herausnehmen«, erklärt er, »dann hast du keine Schmerzen mehr. Deine Mutter kann bei dir bleiben, bis du eingeschlafen bist.«
Elisabeth wird nun im Bett durch lange Korridore in ein Zimmer gefahren.

Eine Frau betritt das Zimmer und stellt sich vor:
»Grüß dich, ich bin Frau Carmine, und ich werde dich pflegen.«
»Sind Sie denn keine Schwester?«, fragt Elisabeth.
»Weißt du«, antwortet Frau Carmine, »früher sagte man Schwester, heute nennt man uns eher beim Familiennamen. Aber wenn du willst, kannst du Schwester Angela zu mir sagen. Du bekommst jetzt einen speziellen Sirup zu trinken. Der macht dich müde. Bald schläfst du ein, dann wirst du von allem nichts spüren.«

Wieder geht es im Bett durch lange Gänge und an vielen Zimmertüren vorbei. Allmählich wird Elisabeth müde. Fest hält sie sich mit der einen Hand am Arm der Mutter, mit der andern umklammert sie Tini, ihre Lieblingspuppe. Im Halbschlaf merkt sie noch, dass sie in ein großes Zimmer geschoben wird. Da hat es an den Wänden Kacheln wie zu Hause im Badezimmer.

Eine Frau tritt ans Bett.
»Hallo Elisabeth, ich bin die Narkoseärztin«, stellt sie sich vor.
»Du bekommst jetzt eine Plastikmaske vor den Mund. Darin hat es Schlafluft. Du kannst wählen, ob sie nach Schokolade, Vanille oder Erdbeere riechen soll.« Aber Elisabeth ist so müde, dass sie nicht antworten mag. Dann schläft sie ein.

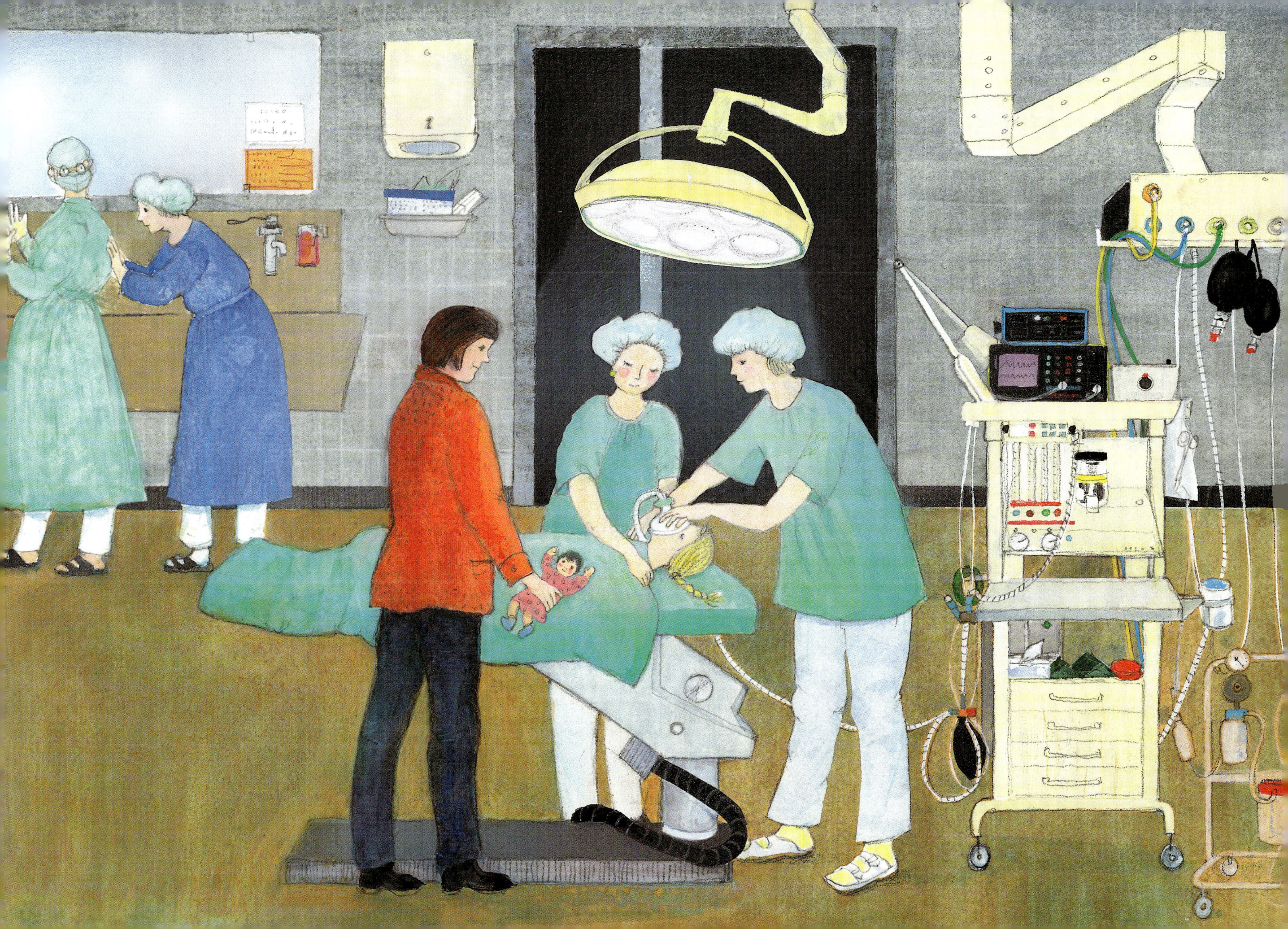

Als Elisabeth erwacht, weiß sie zuerst gar nicht recht, wo sie sich befindet. Doch da sitzt die Mutter am Bett und streichelt ihr die Hand. Elisabeth ist in ihrem Spitalzimmer.

»Bin ich jetzt operiert worden?«, fragt sie.

»Ja, jetzt ist alles vorüber.« Die Mutter lächelt. Da kommt auch schon eine Schwester vorbei. Wie heißt sie doch gleich? Elisabeth muss ganz fest nachdenken. Dann kommt ihr der Name wieder in den Sinn: Schwester Angela. Aber sie hat ja noch einen andern Namen.

»Wie heißt Schwester Angela noch?«, fragt Elisabeth ihre Mutter.

»Frau Carmine, erinnerst du dich?«

»Wie geht es dir?«, will die Schwester wissen.

»Ein wenig Bauchweh hab ich«, antwortet Elisabeth.

»Warum ist es nicht fort?«

»Das ist ein anderes Bauchweh«, erklärt die Schwester.

»Jetzt schmerzt die Wunde von der Operation. Bald wird es besser.«

»Und was ist das für ein Schlauch in meinem Arm?«

»Das ist eine Infusion«, erklärt Schwester Angela.

»Von der Flasche tropft Flüssigkeit in den Schlauch und kommt so direkt in dein Blut, damit du keinen Durst hast. Wenn du dann wieder selber trinken darfst, können wir die Infusion entfernen. Und hier neben deinem Kissen ist ein Klingelknopf. Damit kannst du mich jederzeit rufen, wenn du Schmerzen hast oder etwas brauchst.«

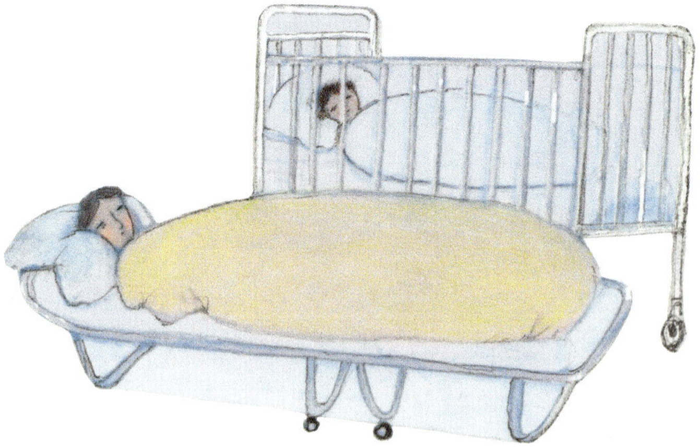

Draußen wird es langsam dunkel. Elisabeth ist müde.
»Schlaf gut, Elisabeth«, flüstert die Mutter ihr ins Ohr,
»morgen komme ich dich wieder besuchen.«

In der Nacht wacht Elisabeth mit einem trockenen Mund auf. Sie drückt den Klingelknopf.
»Schwester, ich habe Durst«, wimmert Elisabeth.
»Ich werde dir gleich etwas Tee geben«, tröstet die Nachtschwester.
»Es ist ja schon viele Stunden her, seit du operiert worden bist.«
Dann streicht sie das Kissen zurecht und sagt leise:
»Schlaf jetzt wieder. Wenn du nochmals aufwachst und durstig bist, darfst du mich wieder rufen.«

Am nächsten Morgen ist Elisabeth bereits recht munter. Sie hat immer noch Durst, und manchmal zwickt auch der Bauch, aber es ist nicht so schlimm. Sie möchte jetzt wissen, wie die anderen Kinder im Zimmer heißen.
Schwester Angela erklärt es ihr: »Der Kleine neben dir ist der Beda, und das Mädchen dort drüben heißt Laura. Sie ist etwa gleich alt wie du. Im Bett daneben liegt Anna. Sie ist erst zwei Jahre alt. Ihre Mutter bleibt Tag und Nacht bei ihr, sonst hätte Anna viel zu viel Heimweh.«
Stolz zeigt Beda seinen Rennwagen.
»Damit kann ich dich immer überholen«, triumphiert er.
Doch das interessiert Elisabeth im Augenblick wenig. Ihr ist eingefallen, dass sie ja ihr Puppenkind hierher mitgenommen hat.

»Schwester Angela, wo ist meine Tini?«, ruft sie.
»Schau dich doch mal richtig um.«
Elisabeth dreht den Kopf nach allen Seiten, und tatsächlich, oben auf der Bettkante sitzt ihre Tini. Schnell nimmt Elisabeth das Puppenkind zu sich ins Bett, streichelt und küsst es und flüstert ihm ins Ohr: »Liebe Tini, wie gut, dass du bei mir geblieben bist.«

Noch während Elisabeth mit ihrer Puppe plaudert, tritt der Arzt ans Bett. Er schaut sich die Wunde unter dem Verband an, nickt zufrieden und sagt:
»Alles in Ordnung, die Infusion kann entfernt werden.«
Bald darauf erscheint eine Frau in weißer Hose und weißem Kittel.
»Ich bin Frau Wagner«, stellt sie sich vor. »Ich bin die Laborantin und werde kontrollieren, ob dein Blut gesund ist. Dazu mache ich an deinem Finger einen kleinen Stich und drücke etwas von deinem Blut in ein feines Röhrchen. Das wird dann im Labor geprüft. Aber keine Angst, das tut kaum mehr weh als ein Mückenstich!«
»Au«, will Elisabeth rufen, aber da ist schon alles vorbei. Interessiert schaut sie zu, wie das Blut ins Röhrchen fließt.
»Mein Blut ist aber schön rot«, staunt Elisabeth.

Elisabeth hat Hunger und Durst.
Sie bekommt ein kleines Frühstück.
Kurz darauf klopft es an der Tür:
Ihre Mutter und die beiden Geschwister sind da.
Sie haben Elisabeth neue Farbstifte mitgebracht.
Bernhard und Dagmar stehen zunächst etwas schüchtern herum. Dann beginnen sie mit ihrer Schwester zu plaudern. Bernhard schämt sich, weil er Elisabeths Bauchschmerzen zuerst nicht ernst genommen hatte.
»Weißt du, es war nicht bös gemeint«, entschuldigt er sich.
»Schon gut«, lächelt sie. »Schau mal Bedas Rennwagen an! Damit kann er alle überholen.«

Beda fährt mit dem Auto wild in der Luft herum.
Nachher darf Bernhard es begutachten.
Dagmar entdeckt, dass Laura einen lustigen Plüschhund mit langen Ohren hat. Sie geht zu ihr ans Bett und beginnt mit ihr zu plaudern.
Die beiden erzählen sich von den Spielsachen, die sie zu Hause haben.
Weil Elisabeth immer noch müde ist, verabschieden sich die Mutter und Geschwister bald wieder.
»Am Abend wird dich Papa besuchen«, ruft die Mutter beim Hinausgehen.

Am Nachmittag gibt es eine große Überraschung: Doktor Clown schaut vorbei. Mit seinen Kunststücken bringt er die Kinder zum Lachen.
Am besten gefällt Elisabeth, wenn der Clown mit der Trompete spielt. Es kommen nämlich nicht nur Töne heraus, sondern auch viele bunte Seifenblasen.
»Schade, dass Bernhard und Dagmar nicht hier sind«, denkt Elisabeth.

Vor dem Abendessen kommt Papa zu Besuch. Er hat ein Bilderbuch mitgebracht. Es erzählt von einem Kind, das in ferne Länder reist und dort mit wilden Tieren spricht: mit Bären, Wölfen, Elefanten, Tigern und noch vielen anderen.
Weil das Kind mit den Tieren sprechen kann, tun sie ihm nichts.

»Ist es wahr, dass man die Tiere verstehen und mit ihnen sprechen kann?«, will Elisabeth wissen.
»Ja, das ist möglich«, erklärt der Vater, »aber die Tiere haben eine andere Sprache als wir Menschen. Sie teilen uns durch ihr Verhalten mit, was sie sagen wollen. Wenn unser Hund mit dem Schwanz wedelt, dann weißt du, dass er sich freut. Schaut er dich sehnsüchtig an, will er gestreichelt werden. Du kannst auch mit ihm reden. Ist er richtig erzogen, so versteht er, was ›Fuß‹ und ›Platz‹ heißt.«

Elisabeth hat heute so viel erlebt, dass sie müde ist. Papa nimmt sie zum Abschied in den Arm, und Elisabeth winkt, bis die Zimmertür hinter ihm zu ist.

Elisabeths dritter Tag im Spital wird schon am Morgen spannend. Der Doktor kommt zu der kleinen Anna. Er muss ihr mit einer Spritze Blut entnehmen. Anna ist zu klein, um das zu verstehen, deshalb ist es gut, dass ihre Mutter da ist.
Der Doktor streicht etwas Zaubersalbe auf Annas Arm. So spürt sie den Stich kaum und muss nicht einmal weinen.

Elisabeth darf heute aufstehen und am Tisch essen. Die Mutter von Anna berichtet, dass Anna immer wieder Fieber hat. »Jetzt wird untersucht, weshalb.«
Beda erzählt, dass er mit dem Fahrrad gestürzt ist und sich dabei den Kopf verletzt hat.
Und Laura ist beim Versteckspiel die Treppe hinuntergefallen.
»Das linke Bein tat mächtig weh, deshalb wurde ich ins Spital gebracht. Hier habe ich einen Gipsverband bekommen.«
Sie streckt das Bein aus dem Bett, damit Elisabeth den Verband sehen kann.
»Was ist ein Gipsverband?«, wundert sich Elisabeth.
Laura versucht es ihr zu erklären: »Das sind Gipsbinden, die nass gemacht werden. Dann wickelt man sie um die schmerzhafte Stelle, und beim Trocknen werden sie ganz steif. Darin liegt mein Bein ruhig und geschützt, damit es schnell wieder gesund wird.«
Lauras Gips soll heute entfernt werden.
Dann kann sie wieder normal gehen.
Mit Spannung warten die Kinder auf den Doktor.

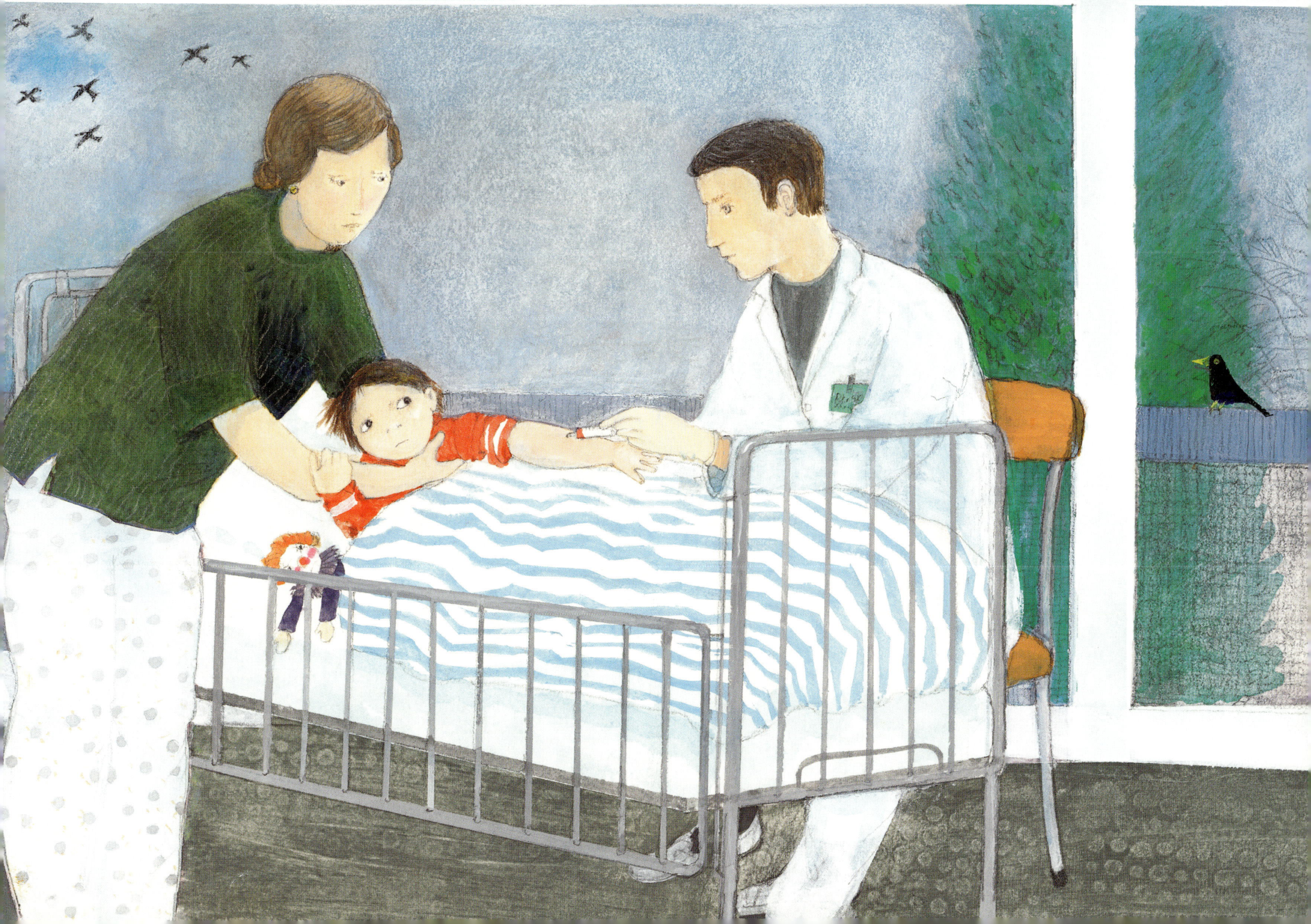

Endlich kommt er.
In der Hand hält er ein seltsames Gerät.
»Wollt ihr einmal hören, wie es tönt?«,
fragt der Doktor die Kinder.
Schon fängt ein schrecklicher Lärm an, wie in einer Sägerei.
»Aber damit schneiden Sie mir ja das Bein entzwei!«,
ruft Laura erschrocken.
»Keine Angst«, beruhigt er das Mädchen.
»Es geschieht dir gar nichts. Da, schau einmal her.«
Er lässt die Säge wieder laufen und hält sie an seine Hand. Tatsächlich, es geschieht nichts.

»Wie können Sie denn meinen Gips aufsägen,
wenn dieses Ding gar nicht richtig sägt?«,
fragt Laura.
»Die Gipssäge ist keine richtige Säge«,
erklärt der Doktor.
»Sie macht zwar den gleichen Lärm, aber das Rad ist kein Sägemesser. Es dreht sich auch nicht im Kreis herum wie bei einer richtigen Säge, sondern bewegt sich ganz schnell hin und her und durchtrennt nur die oberste Schicht des Gipses.«
Der Arzt hält das Instrument an das Gipsbein.
Bald sieht man zwei lange Gräben über den Gips laufen. Jetzt lässt sich die Gipsschale ganz einfach aufklappen. Darunter kommt Lauras Bein zum Vorschein. Laura bewegt es vorsichtig.
Und tatsächlich: Sie spürt keine Schmerzen.

Als Elisabeths Mutter am Nachmittag zu Besuch kommt, strahlt sie und sagt: »Heute habe ich eine gute Nachricht. Der Doktor sagt, dass du morgen heimkommen darfst. Aber vorher wirst du noch einmal untersucht. Du hast doch in letzter Zeit immer wieder gehustet. Darum soll ein Röntgenbild von deinen Lungen gemacht werden.«
»Was ist denn das, ein Röntgenbild?«, fragt Elisabeth.
»Das ist eine Art Foto. Darauf ist abgebildet, wie es in deinem Innern aussieht, und dann kann man erkennen, ob alles in Ordnung ist. Keine Angst, du spürst von allem überhaupt nichts, rein gar nichts.«

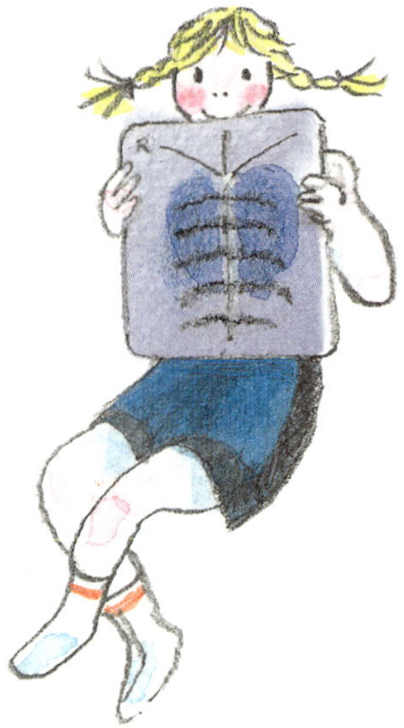

Elisabeth ist neugierig, wie das funktioniert.
In der Röntgenabteilung gibt es viele Apparate.
Sie muss sich vor einen hinstellen und eine schwere Schürze anziehen.
»Seltsam«, findet sie.
»Durch diese Schürze nimmt der Apparat kein Foto auf«, erklärt die Röntgenassistentin.
»Wir wollen nur ein Röntgenbild von deinen Lungen, und die sind hier oben in deiner Brust.«
Dann ruft die Röntgenassistentin Elisabeth zu:
»Ruhig stehen, tief atmen, Atem anhalten.«
Es klickt leise im Apparat, und sie hört:
»Du kannst wieder normal atmen.«
Dann muss Elisabeth sich drehen und die Arme hochhalten. Und nochmals hört sie:
»Ruhig stehen, tief atmen, Atem anhalten.
Gut gemacht!«
Schon ist alles vorbei, Elisabeth hat überhaupt nichts gespürt. Trotzdem denkt sie auf dem Weg ins Zimmer: »Hoffentlich ist das jetzt die letzte Untersuchung gewesen.«
Sie ist froh, dass sie am nächsten Tag heimgehen darf.

Heute ist Elisabeths letzter Tag im Spital.
Der Doktor kommt nochmals und prüft ihren Bauch.
»Alles in bester Ordnung«, stellt er zufrieden fest.
»Jetzt bist du wieder gesund.«

Als die Mutter kommt, ist Elisabeth schon angezogen.
Schnell sind ihre Sachen in einen Koffer gepackt.

Zum Schluss geht Elisabeth von einem Bett zum andern. Sie sagt Laura, Beda und Anna auf Wiedersehen und wünscht ihnen, dass auch sie bald nach Hause gehen können. Die kleine Anna ist sehr traurig, dass Elisabeth nun fortgeht. Die beiden Mädchen haben sich so gut verstanden, dass sie Freundinnen geworden sind.
»Ich komme dich einmal besuchen«, verspricht Elisabeth, »dann bringe ich dir etwas Schönes mit.«

Am schwersten fällt Elisabeth der Abschied von Schwester Angela. Wieder und wieder winkt Elisabeth ihr beim Weggehen zu.

HAUPTEINGANG

Elisabeth – eine Erfolgsstory

1969 erscheint »Elisabeth wird gesund« beim Verlag ExLibris. Mit 25 Auflagen in der Schweiz, 12 in Deutschland und mit einer amerikanischen, englischen, schwedischen und rätoromanischen Lizenzausgabe wird das Bilderbuch zu einem Bestseller und über die Jahre zu einem Gebrauchsklassiker.
2004 entsteht aufgrund der großen Nachfrage eine Neuausgabe: Der Autor aktualisiert den Text, und die Illustratorin schafft neue, dem veränderten Spitalalltag angepasste Bilder.
Die Neuauflage wird im kleinen, auf Krankenhausliteratur spezialisierten Anja-Verlag veröffentlicht unter Mithilfe von Leuten des Kinderspitals Zürich. Mit drei Auflagen innerhalb von drei Jahren setzt sie die Erfolgsgeschichte der Originalausgabe fort. Nach der Auflösung des Anja-Verlags ist »Elisabeth« vergriffen – die Nachfrage bleibt.
Für die vorliegende Neufassung von 2013 wurde der Text erneut überarbeitet, die Bilder wurden neu lithographiert und einzelne Vignetten von der Illustratorin revidiert.

Elisabeth und andere Kinder im Spital

Als »Elisabeth wird gesund« 1969 erstmals erscheint, ist das Aufsehen groß: So sachkundig und so kindernah, das war neu. Zu verdanken ist dies der Nähe von Autor und Illustratorin zu Krankenhausaufenthalten von Kindern und zu der kindlichen Wahrnehmung an sich.
Erlebte doch Prof. Dr. med. Alfons Weber in seiner Arbeit als Leitender Arzt am Kinderspital in Zürich täglich, dass manche seiner kleinen Patienten verängstigt waren – nicht nur wegen der ungewohnten Umgebung oder der fremden Zimmernachbarn, sondern auch, weil man ihnen den Grund ihres Spitalaufenthaltes nicht (oder nicht verständlich) erklärt hatte. Der Arzt stellte fest, dass es den meisten Eltern Mühe bereitet, ein Kind auf einen Aufenthalt im Spital vorzubereiten, und er dachte sich, »dass das am besten durch ein geeignetes Bilderbuch geschehen könnte«. Dies war der Anstoß zur Geschichte von Elisabeth, die Alfons Weber nicht nur als Kinderarzt, sondern auch als Vater von vier Kindern schrieb.

Mit ihren Bildern verstärkt Jacqueline Blass-Tschudi die dem Kind zugewandte, freundliche Haltung. Durchgehend sehen wir, wie Erwachsene sich um Elisabeth kümmern. Auch die Illustratorin ist aus eigenem Erleben dem Kinderspital verbunden: 1965 erkrankte das jüngste ihrer drei Töchterchen an Leukämie. Durch die vielen Besuche dort lernte Jacqueline Blass die Ängste kennen, die Kinder vor einem Spitalaufenthalt empfinden.

Der große Erfolg hat Idee und Umsetzung des Bilderbuches bestätigt. Und so ist es kein Zufall, dass Kinder von damals als Eltern von heute noch immer gerne die Geschichte von Elisabeth hervornehmen, wenn es darum geht, ihre Kinder auf einen Krankenhausaufenthalt vorzubereiten oder auch einfach von zu Hause mitzuverfolgen, was Elisabeth und die anderen Kinder im Spital erleben.

Elisabeth – gestern und heute

1969

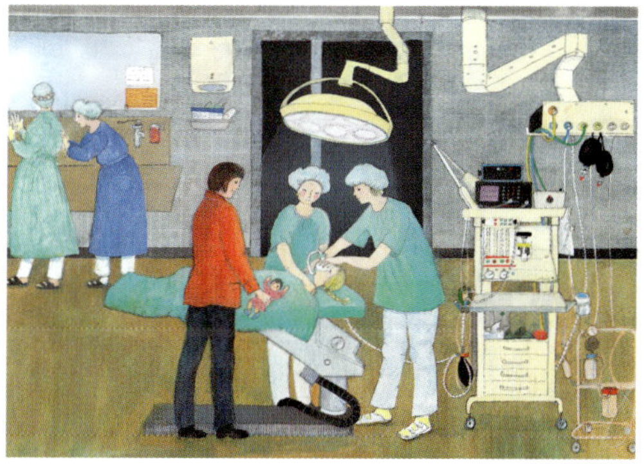

2004/2013

Möchten Sie die Bilder der ursprünglichen Ausgabe anschauen?
Sie finden sie auf: www.atlantis-verlag.ch